一分钟练出魔鬼身材
韩国健身女神教你 60 招完美曲线操

［韩］崔玄真 著
张文丽 译

哈尔滨出版社
HARBIN PUBLISHING HOUSE

黑版贸审字 08-2020-021 号

图书在版编目（CIP）数据

一分钟练出魔鬼身材：韩国健身女神教你 60 招完美曲线操/（韩）崔玄真著；张文丽译.—哈尔滨：哈尔滨出版社，2020.9
ISBN 978-7-5484-5288-1

Ⅰ.①一… Ⅱ.①崔… ②张… Ⅲ.①健美操—基本知识 Ⅳ.①G831.3

中国版本图书馆CIP数据核字（2020）第086221号

| 书　　名： | 一分钟练出魔鬼身材：韩国健身女神教你60招完美曲线操 |

YI FENZHONG LIAN CHU MOGUI SHENCAI: HANGUO JIANSHEN NÜSHEN JIAO NI 60 ZHAO WANMEI QUXIAN CAO

作　　者：[韩]崔玄真　著
译　　者：张文丽
责任编辑：尉晓敏　赵　芳
责任审校：李　战
装帧设计：王照远

出版发行：哈尔滨出版社（Harbin Publishing House）
社　　址：哈尔滨市松北区世坤路738号9号楼　　邮编：150028
经　　销：全国新华书店
印　　刷：天津盛辉印刷有限公司
网　　址：www.hrbcbs.com　　www.mifengniao.com
E-mail：hrbcbs@yeah.net
编辑版权热线：（0451）87900271　87900272
销售热线：（0451）87900202　87900203

开　　本：710mm×1000mm　1/16　印张：11　字数：100千字
版　　次：2020年9月第1版
印　　次：2020年9月第1次印刷
书　　号：ISBN 978-7-5484-5288-1
定　　价：49.80元

凡购本社图书发现印装错误，请与本社印制部联系调换。　服务热线：（0451）87900278

前言

对身体越用心，身体就会越完美

提到"美丽的身体"，各位想到的是什么呢？不外乎是比例、弹性、肌肉、曲线等字眼吧！

"均衡"是呈现娇好姿态的重要因素，就算身材没那么细长，只要姿势端正，体态匀称，看起来就会很有魅力。因此，塑造美丽身材的钥匙就在于把握身体的"均衡"与"尺寸"。

本书精选了大量塑造身体曲线的体式，这些都是经过我十多年的运动经验与教学实践所证实的有效体式。不管在什么时间，在什么地方，每个体式都只需坚持1分钟，就能有效塑造体态和身材曲线。

上课时，我有时会要求学员们动动脚趾。常常发现，有人干脆不愿动脚趾，而有人则无法随心所欲地活动脚趾。这时，我就会说："'用心'这个东西就是真用心，如果你不用心的，身体就会变迟钝。"

说起来简单轻松，却道出了"身体协调"的重要性，如果身体不协调的话，就连小小的脚趾也无法随心所欲地活动。

只要有时间，我就会静下心来专注于自己的身体，充分感受和关心身体的每一寸肌肤，在进行必要的动作时，我会适当调整呼吸，同时进行1分钟完美曲线操，这时我会感觉身体重新恢复端正体态，变得轻盈、平静。我希望能将这份令人愉悦的舒畅感，跟更多女性朋友分享。

因此，为了坚定自己的人生目标，大约6年前的年底开始，我将和学员们一起写的每张纸条贴在瑜伽垫下，使之成为激励自己的动力。我在纸条上画上茁壮的根和结有丰硕果实的健康树木，并在果实上写下自己的愿望。我的愿望就是希望身体的"核心"强盛，培养出坚持不懈的"能量"，并时常保持懂得等待的"耐心"。

自己的人生由自己引领，也必须由自己负责，因为我了解这一点，进而知道维持健康和美丽是一辈子的事。我想把这本书献给诸位读者，希望它像维生素一样，成为你们生活中的"必需品"。

제시카 (조현정)

contents

前言 对身体越用心，就会越完美·1

第一章 每天1分钟，完美曲线练出来

- 塑造S曲线，只需1分钟·2
- 基础呼吸法，让身体充满能量·4
- 彻底消除疑惑：为什么1分钟就能瘦·7
- 每天6招，想瘦哪里就瘦哪里·10
- 自我检测：检查身体是否平衡的基本动作·12

第二章 13招告别虎背熊腰，打造香肩美背

放松僵硬的肩部肌肉·16
- 畅通肩部肌肉及淋巴循环·17 ｜ ● 消除肩背部的肌肉紧张·18
- 刺激肩膀血液循环·20 ｜ ● 刺激打造紧实肩、背、腰·22
- 重塑肩膀背部平衡·24

矫正倾斜的肩背平衡·26
- 修复肩膀线条·27 ｜ ● 打造美丽肩线·28
- 美化背部肌肉与肩膀·30 ｜ ● 手臂灵活打造窈窕美背·32
- 塑造手臂与背部优美线条·34

矫正驼背，消除背部赘肉·36
- 消除背部脂肪·37 ｜ ● 柔软肩胛骨，纤细手臂·38
- 抬头挺胸，矫正弯腰驼背·40

美丽小贴士01 ·42

美丽小贴士02 ·44

第三章 13招消除赘肉，塑造迷人的纤长手臂

消除手臂赘肉 · 48
- 紧实流畅的手臂线条 · 49 ｜ ● 美臂合掌，消除手臂赘肉 · 50
- 刺激淋巴循环，找回美丽手臂线条 · 52

增强肌力，恢复手臂弹性 · 54
- 锻炼手臂肌群的力量 · 55 ｜ ● 增强手臂肌肉弹性 · 56
- 促进手臂血液循环 · 58 ｜ ● 代谢手臂的循环废物 · 60
- 塑造手臂肌肉的线条 · 62 ｜ ● 快速打造纤长手臂 · 64
- 塑造手臂正面的线条 · 66

打造纤细手腕 · 68
- 反手舒压，消除手腕疲劳 · 69 ｜ ● 消除手腕肿胀 · 70
- 伸臂反掌，打造美丽手腕 · 72

美丽小贴士03 · 74

美丽小贴士04 · 76

第四章 5招改善平胸下垂，塑造浑圆坚挺的美胸

告别下垂，让胸部坚挺 · 80
- 坐姿美胸，强化胸部肌肉 · 81 ｜ ● 收拢外扩胸型 · 82
- 提拉下垂胸部 · 84

塑造黄金比例的美胸 · 86
- 俯卧丰胸，重塑胸部曲线 · 87
- 合掌塑胸，调整胸型的比例 · 88

美丽小贴士05 · 90

美丽小贴士06 · 92

第五章　8招美腰瘦腹，练出迷人马甲线

5

消除肥软的腰侧赘肉 · 96
- 强化核心肌群，塑造理想曲线 · 97
- 伸展侧腹部的肌肉，塑造紧致美腰 · 98
- 紧实腰腹，平衡上半身曲线 · 100

打造紧实的腹部肌肉 · 102
- 强化肌肉，燃脂美腹 · 103 ｜ ● 塑造平腹、翘臀、美腿的线条 · 104
- 锻炼腹肌马甲线 · 106 ｜ ● 平坦美腹，消除腹部脂肪 · 108
- 甩掉脂肪，打造优美曲线 · 110

 · 112

第六章　12招消除松垮，打造迷人的紧致翘臀

6

调整歪斜骨盆，消除下半身肥胖 · 116
- 矫正骨盆倾斜 · 117 ｜ ● 伸展骨盆肌肉，放松臀部 · 118
- 平衡臀部肌群 · 120 ｜ ● 恢复骨盆平衡 · 122
- 调整臀部位置 · 124

提拉下垂臀部，增加肌耐力 · 126
- 重塑完美的臀腿曲线 · 127 ｜ ● 活力美臀，畅通骨盆血液循环 · 128
- 桥式翘臀，强化骨盆及臀部肌肉 · 130
- 锻炼臀大肌，美化臀部线条 · 132
- 趴姿抬腿，改善河马臀、大象腿 · 134

塑造性感迷人的臀线 · 136
- 强化提拉臀部肌肉 · 137 ｜ ● 美臀摇摆，锻炼臀部内侧肌肉 · 138

美丽小贴士08 · 140

第七章　9招告别大象腿，塑造修长性感美腿

7

塑造修长美腿曲线 · 144
- 塑造大腿后侧线条 · 145
- 增强腿部弹性 · 146
- 增强双腿肌力 · 148
- 按摩骨盆周围的肌肉 · 150
- 提臀及重塑腿部曲线 · 152

打造紧实性感的黄金美腿 · 154
- 促进大腿淋巴循环 · 155
- 强化大腿肌肉，速成蜜大腿 · 156

塑造迷人的小腿线条 · 158
- 舒缓小腿肌肉 · 159
- 打造完美小腿曲线 · 160

美丽小贴士09 · 162

第一章

每天1分钟，完美曲线练出来

杰西卡的
1分钟
完美曲线操

塑造S曲线，只需1分钟

燃脂瘦身，维持肌肉弹性的美体操

1分钟完美曲线操是打造易瘦体质的运动。在生活中我们可以看到，同样体重的人，有的显苗条，有的却显胖。之所以出现这样的差别，是因为她们身体肌肉的数量和大小不同。进行1分钟曲线减肥操，可以让肌肉临时恢复弹性，持续地锻炼，肌肉就会维持弹性，燃烧脂肪，消除臃肿。脂肪减少的话，身体的曲线自然就会显出来。

有些人虽然体重轻，看起来却较胖，这是因为他肌肉缺乏锻炼，变得松弛、缺乏弹性，自然显得比实际体重胖。而1分钟完美曲线操能有效刺激肌肉，减少脂肪并塑造曲线，也能预防浮肿，帮助身体变得苗条。只要持续做，即使体重没有下降，也会因为肌肉重新恢复了弹性，体态变得更匀称，从而纤瘦的身体曲线再现魅力。

随意运动1小时，不如正确锻炼1分钟

要达到1分钟完美曲线操的最佳效果，需要特定的体式、固定的时间和正确的呼吸，三者互相配合，才能在短时间内获得成效。也就是说，虽然仅仅只用1分钟，如果能精确地在1分钟内配合呼吸完成指定动作，就可以重新找回身体的窈窕曲线。

以提臀运动为例，大家都知道必须练习努力将脚向后抬高。可是，随意的呼吸和动作实际上根本达不到提臀的效果。当然运动总比不运动要好，身体毕竟得到了锻炼。

很多人认为运动只有坚持20分钟以上才会有效果，这一点并不是绝对的。对于忙碌的现代人来说，20分钟是相当长的时间。如果能缩短时间，提高运动效率，哪怕只是1分钟，只要配合深呼吸、正确的体式，就可以达到最佳的效果。因此，可以针对身体的各个部位，随时随地都可以运动，1分钟的时间，已经足够了。

如果能切实按照本书所介绍的方法进行运动，你一定能在最短的时间内，不知不觉就拥有苗条匀称的完美身材。

每天1分钟，完美曲线不是梦！

基础呼吸法，让身体充满能量

正确的呼吸是运动的关键

人类通过呼吸制造能量，维持生命。婴儿在睡眠中用腹部安静地呼吸，不会有任何紧张感。随着年龄增长，人的身体逐渐变得僵硬，呼吸也跟着变浅，无法彻底地吸气和呼气，就像感冒或生病时，我们会感到呼吸吃力或急促。

呼吸可以帮助我们排出体内毒素，并吸入新鲜空气，从而净化身体。当体内充满新鲜空气时，肠道等器官可得到按摩，身体随之变得通畅。另外，通过呼吸也能改善血液循环，增加能量。然而，若呼吸短浅，上述效果就无法达到，长此下去，导致体内毒素不断积累，最终造成肥胖。这也证明，通过呼吸就能瘦身的说法是有科学依据的。

初学者先练习呼吸，再开始运动

初学者一开始容易专注于呼吸时忽略动作，注意体式时又会忘记呼吸，无法兼顾呼吸与体式。因此，建议初学者先从呼吸开始练习，比平常更认真地深呼气、再吸气。逐渐习惯深呼吸后，可进一步试着感觉，吸气时仿佛有人将你从头顶往上提；呼气时则脚底正彻底泄气。

呼吸的时间点非常重要，是1分钟完美曲线操的重点，练习时必须掌握体式与呼吸之间的配合关系。如果在错误的时间点换气，就容易加重身体的负担，起到反作用。因此，建议学会正确的呼吸后，再把呼吸与体式配合起来进行练习。

先呼气、再吸气，才是正确的呼吸方式

呼吸的重要性无论怎么强调都不为过。如果跟大家说"请试着呼吸一下"的话，十有八九的人都会先吸气后呼气。这是错误的。正确的呼吸法首先应该是先呼气。必须抛开身心的欲望，才能开始运动。

正式开始做动作前，先轻轻地吐一口气，让身体与心灵彻底放松。如果刚开始运动就深呼吸的话，就会导致内心紧张。内心充满焦躁和欲望的话，身体也会跟着紧绷，这样无法平心静气地完成体式，就算完成了也不会有好的效果。首先请尝试轻轻地吐一口气，将体内不好的气和欲望放空。这样一来，正式开始运动时，就能容易将注意力集中到体式上。

正确呼吸，塑身效果更佳！

基础呼吸法

呼气
慢慢呼气并低头

吸气
慢慢吸气并抬头

自然呼吸
慢慢重复呼气、吸气的过程

建议 正式运动前,请一定养成"先呼气,后吸气"的正确呼吸习惯。

彻底消除疑惑：为什么1分钟就能瘦

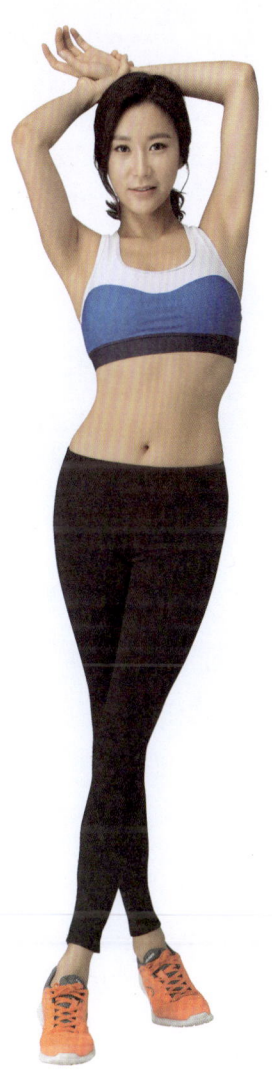

用正确体式打造易瘦体质

1分钟完美曲线操是否真的有效？很多人仍存在疑问。有疑问是正常的，因为大部分人还是认为有氧运动持续20分钟以上，才能提供肌肉氧气，充分燃烧体内脂肪，流汗，运动才会有效果。

事实上，1分钟完美曲线操并不是直接燃烧脂肪的运动，而是通过正确姿势来锻炼体力，是重塑身体基础的运动。也就是说，这是一项改变自身体质，使之成为易瘦体质的运动。如同困扰许多人的青春痘问题一样，若不从体内改善肤质，找出根本的原因，用再多昂贵的化妆品、扑上再厚的粉，还是无法拥有洁净光滑的肌肤。身体的管理也是同样的道理。请大家从基础做起，一起用1分钟完美曲线操打造易瘦体质吧！

1分钟内维持体式并深呼吸

1分钟完美曲线操的重点是保持体式、固定时间和深呼吸,三者完全配合才能发挥功效。深呼吸时请配合伸展肌肉,因为呼吸节奏明快,肌肉能在短时间内记忆身体的感觉,促进血液循环,找回健康体质。因此,千万别小看这1分钟,它对身体可有很大的助益哦。

初学者或肌力较差的人,由于身体的支撑力较弱,因此建议刚开始时,先将双手合掌放在背后,伸展背部并进行1分钟的持续深呼吸,结束后再观察身体状况。刚开始可能会有些困难,还不容易松开肩膀肌肉,却会很快就恢复原状,或伸展时感到肩膀疼痛。这时请不要着急,只要在固定时间内,维持特定体势并深呼吸,重复多做几次,身体就会渐渐记住这个感觉,之后会越做越顺利,不再感到疼痛。

只要正确呼吸,动作简单也能瘦

不要因为1分钟时间很短,就认为动作难度会很大。其实,并不是难度大的动作才有好的效果。相反,一个初学者如果过度运动,反而对身体有害。

动作难易度和运动成效没有绝对的关系,重点是如何"正确地"完成每一个动作。人们普遍认为运动时间要长、动作重复次数多或抬举重物才有锻炼效果,其实这些都是错误的观念,这样的运动方式反而会破坏身体平衡,让身材变形,甚至对身体造成伤害。

任何一项运动,最重要的就是"呼吸",人们容易忽略呼吸的重要性，其实，只要正确呼吸，即使动作简单，也能达到瘦身的效果。因此，本书中的每一个动作都有清楚标明"吸气"与"呼气"的时间点，让初学者更容易掌握正确的呼吸节奏。

随时运动，比长时间运动效果更佳

你可能会想，既然是在固定时间内维持特定动作，那将1分钟延长至10分钟，效果会不会更好？答案是否定的。不管哪一种运动，都不建议长时间持续进行。就如同人类的饮食，必须多元摄取各项食物，营养才会均衡。单一摄取某种食物的饮食习惯，会导致健康出现问题。运动也是一样，如果只持续做某种单一运动，就像偏食，反而会造成部分肌肉负担过大，最终破坏身体平衡。

因此，请将运动当作一种生活习惯，不需要太长的时间，想到了就随时伸展。比如，长时间坐在电脑前的人，请记得每小时都要起身做伸展；想拥有弹性翘臀，可以在睡前进行2~3种提臀动作。只要随时随地重复进行5~10次的1分钟完美曲线操，长时间累积起来效果也是十分惊人的。

选择想瘦部位特别锻炼

1分钟完美曲线操可以针对特定部位，通过维持特定姿势，刺激肌肉产生弹性并保持紧实状态，达到减少脂肪和瘦身的效果。其实，从美观的角度来说，瘦身的关键不在于减轻体重，而在于塑造身体完美线条。

扩张的毛孔如果用冷水刺激，毛孔会收缩，就像这样，如果把没有弹性的胳膊通过锻炼持续刺激，肌肉就会变得紧实且富有弹性。以打年糕为例，我们如果用棍子把年糕断断续续敲打，它很快就会恢复原样。但如果长时间一直压着，或是不间断地持续压着，它就会被永远压扁，再也无法恢复原样。人体的肌肉也是这样，虽然只是1分钟，但一定时间以特定体势持续进行锻炼，便能打造出紧实富有弹性的肌肉，身体的完美曲线就出来了。

每天6招，想瘦哪里就瘦哪里

根据需要，专攻难瘦部位

想要拥有完美曲线，可按自己的需求，打造属于自己的1日瘦身计划。本书所介绍的运动，对身体不会造成任何不适，习练者可以根据自己的瘦身需求，选择相应动作进行练习。在制订1日瘦身计划时，可以先进行活动关节的运动再练习其他动作。也就是要把身体舒展开，让血液循环通畅之后进入正式运动，这样会大大提升运动的效果。想象一棵树，如果根部不健康的话，给树叶再多的养分也无济于事。所以，首先要保证根部健康，再去养护树叶，才能培养出完美的树来。我们的身体也是这样，需要先促进淋巴和血液循环后，再进行运动效果就会更好。

一日瘦身计划

1 先利用肩膀的关节，柔软身体，消除肌肉紧张，使接下来的动作更顺畅。

进入上半身运动，可挑选2~3个希望改善的部位动作。

上半身运动结束后，挑选2~3个下半身动作，伸展骨盆。

做完全部动作后，最后可做1~2个最想瘦的部位动作，集中刺激难瘦部位。

自我检测:
检查身体是否平衡的基本动作

检测1 **确认上半身的平衡**

肩膀的一高一低,代表身体失去平衡,导致上半身倾斜。可通过简单的举手动作来确认上半身的平衡。

1 坐姿,双手向上伸直

背部挺直,盘腿坐下。双手手背相对,将双手举高,向上伸直。

2 左右手掌交叉重叠

将左、右手掌相互交叉后重叠,从大拇指至小拇指,尽可能将五指完全相对并碰触。

检测结果比对

双手的小拇指无法碰触时,表示上半身的平衡感不佳。肩膀与背部相连,若上半身倾斜会造成驼背、胸部不对称等问题。在身体左右平衡的状态下,手臂交叉后,手掌应能完全碰触;若身体失去平衡,则会明显感受到左、右手的小拇指无法碰触。

检测2 **确认下半身的平衡**

通过简单的"Z"形坐姿，就可以确认下半身是否倾斜。下半身严重倾斜的人，可明显感受到左右脚的不一致。

1 **坐姿，左脚在前，右脚在后**

左脚在前，右脚在后，将右侧腰部及骨盆往下坐，确认是否能完全接触到地面。

2 **换右脚在前，左脚在后**

改变方向，换右脚在前，左脚在后，将左侧腰部及骨盆往下坐，确认是否能完全接触到地面。

检测结果比对

坐着时如感到不适，代表下半身可能已倾斜。

一般来说，长短脚或下半身肥胖的人，下半身倾斜的概率较高。在身体平衡的状态下，应都能顺利进行上图的正确坐姿；但若坐着时感到不适，或臀部下压时觉得疼痛，甚至臀部一侧无法贴地，表示下半身不平衡。

第二章

13招告别虎背熊腰，打造香肩美背

杰西卡的
1分钟
完美曲线操

放松僵硬的肩部肌肉

现代人生活忙碌、紧张，肩膀容易变得肌肉紧张，僵硬不适。肩膀和背部相连，因此，一旦肩膀肌肉僵硬，背部也会僵硬。紧绷的肩膀和僵硬的背部容易导致血液循环不畅，并囤积脂肪，使身材走样。为了保持良好的身材，就必须适当放松僵硬的肩膀、活动肩关节、腋下组织和背部，以达到放松肌肉的功效。一旦肌肉得到放松，体态自然会恢复如初。

畅通肩部肌肉及淋巴循环

> **要点** 保持身体紧贴地面,肩膀完全放松。

1 趴姿,面向左方

吸气 ➡ 将右胳膊弯曲,放在右耳下方后将身体趴下,上半身向左侧转,一边吸气,同时将左胳膊向前伸展。

2 换位,上半身侧转,面向右方

呼气+自然呼吸 ➡ 维持趴姿,直到感觉左边肩膀和胳膊后方肌肉有被拉伸的感觉,保持体式1分钟。然后换将上半身向右侧转,以相同方式伸展右胳膊,保持姿势1分钟。

消除肩背部的肌肉紧张

1 坐姿,双手绕过腰部

吸气➡舒服地盘腿而坐,将左手放在腹部前,抓住右侧腰间;将右手从背部绕过背部,抓住左侧腰间,深呼吸。

要点　若转动肩膀和腰部有困难，可以根据个人状态稍微调整身体转动的幅度，并反复进行10次左右的练习后再配合呼吸，尽力而为，切勿憋气。

2 身体向右转，头向后看

呼气+自然呼吸 ➔ 呼气，并将上半身最大限度向右转，感觉两只手臂同时向外推，将肩膀和胸部挺出，保持1分钟；再次吸气，回到第一步的预备体式。左右手前后交换，身体向左转，同时保持1分钟。

刺激肩膀血液循环

1 保持坐姿,左手贴地

吸气 ➜ 盘腿而坐,保持舒适的姿态,左手轻贴地面,弯曲右肘,放在后脑勺。深呼吸,感觉胸部正向外打开。

> **要点** 手臂伸展幅度越大，越能伸展肩膀和胸部肌肉，美化身体曲线。

2 尽量将手臂向后伸展

呼气+自然呼吸 ➔ 将右手臂尽量向后伸展保持自然呼吸，保持1分钟。再换右手贴地，左手臂向后伸展，保持1分钟。

刺激打造紧实肩、背、腰

1 保持坐姿，右腿伸直，双手在背部互扣

吸气 ➡ 将右腿向侧边伸直，大腿尽量打开，左腿弯曲贴地。接着将双手放到后背，右手在上，左手在下在背部互扣，深呼吸，双手互相拉住，用力伸展。

要点 如果双手无法互扣或身体无法保持平衡,可改成拉手肘的位置,并盘腿而坐。

2

2 身体向右侧弯曲

呼气+自然呼吸 ➔ 同时将身体向右侧弯曲,保持自然呼吸,保持1分钟。接着,换左腿向左侧边伸直,左手在上、右手在下互扣,深呼吸,双手互拉,用力伸展。

重塑肩膀背部平衡

1 保持站姿,双手放在背后

自然呼吸 ➜ 双脚打开至略大于肩膀的宽度;深呼吸,将双手放于背后,以右手在上、左手在下的方式,互相扣住。

> **要点** 深呼吸,并将背部最大程度地向下弯曲。注意肩膀不可拱起,配合自然呼吸,专注伸展肩膀及背部。

2 将上半身向前弯

呼气+自然呼吸 ➜ 同时将上半身往前弯,保持此姿势1分钟。接着随吸气起身,换左手在上、右手在下,双手往后互拉,上半身再次前弯,保持1分钟。

矫正倾斜的肩背平衡

肩膀与脊背是人体的主要支柱,也是拥有美丽身材的关键。天气寒冷或感到紧张时,我们会不由自主地耸肩,若持续太久,没有适时放松肩膀和背部,将导致肩膀突出变形和驼背。此外,经常背过重的包和习惯单边侧背包的人,也容易破坏肩膀的左右平衡,导致高低肩的不良身形。

本节所介绍的伸展操,是以放松肩膀为主,通过活动上手臂、腋下和背部的肌肉,找回肩膀和脊背的平衡;也可借此消除身体压力,舒展紧张的肌肉,从而放松心情。

修复肩膀线条

 要点 保持体式1分钟,感受因吸气、呼气使肋骨充满氧气的起伏变化,体会气流在身体中的行走。

1 **平躺,双手垫在臀下**
自然呼吸 ➡ 平躺在瑜伽垫上,手背向上,双手垫在臀下,肩膀放松,脚腕用力往前勾起。

2 **撑起上半身**
吸气+自然呼吸 ➡ 深吸气并用双肘将上半身撑起,自然呼吸,保持1分钟。

打造美丽肩线

1

1 侧躺,将右手臂枕于头下

自然呼吸 ➔ 侧躺,用右手臂当枕头,左手臂则向前伸直,双脚并拢,膝盖略弯起右膝贴地。

> **要点** 注意呼吸时胸部起伏的变化，吸气时充分感受胸部的扩张，呼气时充分感受胸部的收缩。

> **要点** 当作枕头的手臂，紧贴地面，才能彻底伸展。

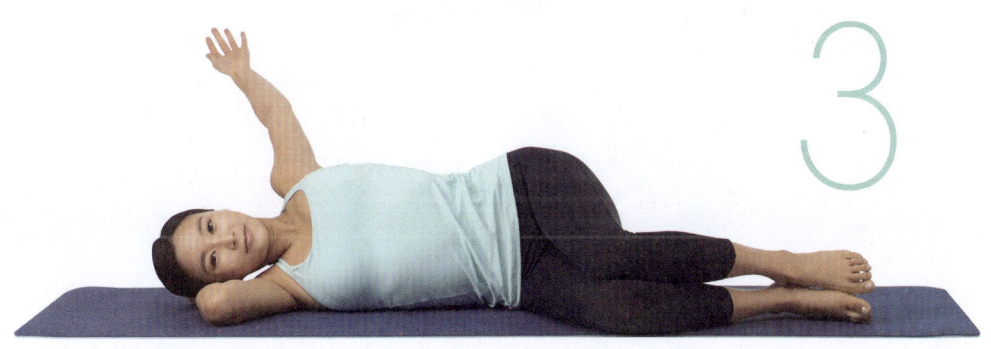

2 手臂向上，顺时针画圆

自然呼吸 ➡ 慢慢呼吸的同时，将手臂向上举，以顺时针方向，慢慢画圆一圈，继续重复顺时针，然后换逆时针方向画圈，各画圆5次。

3 左手臂向后方伸直

呼气+自然呼吸 ➡ 呼气的同时将左手臂向后伸直，保持1分钟，然后换另一边侧躺，重复手臂旋转、向后伸直的动作。

美化背部肌肉与肩膀

1 坐姿,双手放在背后

吸气+自然呼吸 ➔ 盘腿而坐,将右手手心向外并放在背上,左手轻轻地托住右肘。深呼吸,再轻轻地将右肘往背部拉,保持1分钟。接着左右手交换,再做一次。

> **要点** 双手若无法相互扣住,不要勉强,尽力而为即可。

2 将双手放在背部相互扣住

吸气+自然呼吸 ➔ 双手放在背后,右手在上、左手在下,让左右手相互拉住伸展,保持1分钟。接着,左右手交换,再次放在背后,相互拉住伸展。

手臂灵活打造窈窕美背

1 坐姿,双手放在腰部后方

自然呼吸 ➜ 盘腿而坐,挺直背部,双手置于腰部后方,掌心向外,手背贴于腰部后吸气。

要点 适合肩膀、手肘和手腕等上肢柔软度较好的人进行。手心若无法完全贴合，也可只轻碰指尖，适度即可，不用勉强。

2 左右手指尖互碰

自然呼吸 ➔ 双手手心相对，指尖互碰，做出一个山的形状。

3 自然呼吸，双手合掌

吸气+自然呼吸 ➔ 让双手掌心相贴，保持1分钟。

塑造手臂与背部优美线条

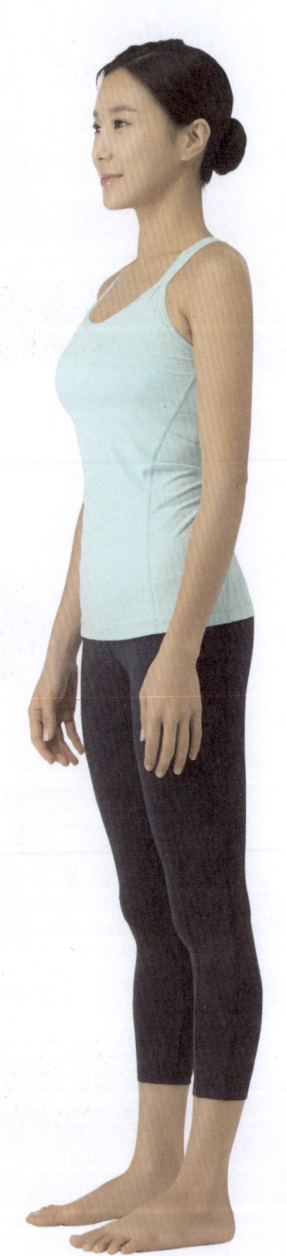

1 站姿，双手自然下垂

自然呼吸 ➡ 抬头挺胸，双脚打开至与骨盆同宽站立，双脚脚尖尽可能朝前，相互平行。

> **要点** 肩部下边的肌肉向下拉伸,双手尽力向上伸直。

2 双手向上,身体向后半蹲坐

呼气+自然呼吸 ➡ 将背部挺直,膝盖稍微弯曲,将臀部重心向后半蹲坐;同时,将双手向上举高,保持1分钟。

矫正驼背，消除背部赘肉

　　模特儿在T台上走秀时，绝对不会垂着肩膀、弯着腰走路，肩膀内凹、驼背，看起来会比实际身高矮，也会阻碍血液循环，造成脂肪囤积，身材走样。

　　如果肩膀歪斜，不仅会造成胸部不对称，背部也会失去弹性，变成僵硬的体型，影响身体的灵活性。本节所介绍的美体操可有效刺激肩胛骨和背部肌肉，打造上半身零赘肉的完美曲线。

消除背部脂肪

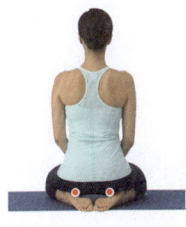

要点 跪坐时,同时利用脚跟按压刺激臀部的承扶穴(图上红点处),可美化臀部线条。

1 跪姿,将上半身向左前方趴

吸气 ➡ 双脚脚跟紧贴臀部跪坐,双手及手臂向前伸直,深吸一口气后,将上半身向左前方趴。

2 呼气,将肩膀向下压

呼气+自然呼吸 ➡ 将肩膀尽量向下压,以便伸展肌肉,脚跟不可离开臀部,保持此姿势1分钟。起身后,换作上半身向右前方趴,以相同方式,再做一次。

柔软肩胛骨，纤细手臂

1 坐姿，双手向两侧平举

自然呼吸 ➡ 盘腿而坐，手心向下，将双手往两侧平举至与肩膀同高，将背部挺直，保持端正。

要点　平举手臂与肩膀同高，充分按摩肩胛骨，达到伸展效果。

2 手心向下，将双手向后伸展

吸气+自然呼吸 ➡ 先吐一口气，手心向下，将双手向后伸展，并超过臀部的位置，同时进行"吸、吐、吐"的短呼吸，保持此动作1分钟。

3 深吸一口气，将手心朝上

吸气+自然呼吸 ➡ 保持双手向后伸展，深吸一口气后将手心朝上，同时进行"吸、吐、吐"的短呼吸，保持此动作1分钟。

抬头挺胸，矫正弯腰驼背

要点 注意手肘不可弯曲。

要点 保持手臂完全伸直，彻底伸展肩膀与胸部。

1 半蹲姿，双手向后交叉相扣

吸气 ➡ 双脚打开至与肩膀同宽，呈半蹲姿势，双手放在背后十指交叉。吸气，同时将手臂向后伸直延展。

2 上半身向左扭转

吸气+自然呼吸 ➡ 将身体向左侧扭转，下巴与胸部也同时转向左侧。注意，置于背部的手臂，必须完全伸直，保持此体式20秒。

> **要点** 利用呼吸的节奏，按摩肩胛骨，身体向下弯时，不要憋气。

3 上半身向右扭转

呼气+自然呼吸 ➔ 回到预备姿势。呼气后，将身体向右侧转，下巴与胸部也同时转向右侧。手臂请向后伸直交叉相扣，保持此体式20秒。

4 将上半身向前弯

吸气+自然呼吸 ➔ 再次回到预备姿势。呼气后，将上半身向前弯曲，将手臂向上伸展，自然呼吸，保持20秒。

美丽小贴士

消除双下巴，打造完美V字脸

　　双下巴会让你看起来比实际年龄大，甚至给人以忧郁的负面印象。其实，双下巴并非是肥胖或老化的象征，而是脸颊周围的血液循环不良，或不良生活习惯所致。因此，许多身材纤细的人，也可能有双下巴的困扰。

　　双下巴也是形成法令纹的主因之一，不要因为现在没有双下巴就掉以轻心，提前保养能防止日后法令纹的产生。

　　枕头的高度应与自己的小腿粗细度相当，枕头的宽度最好能完全支撑头部和肩膀。只要平时多做本节的按摩及指压法，便可轻松消除双下巴，打造完美V字小脸。

打造完美V字脸的按摩法

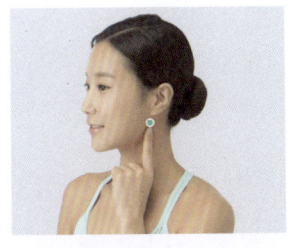
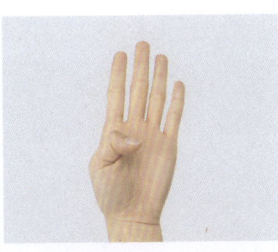

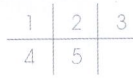

1 按压耳朵下方与下颌的连接点
用食指按压耳朵下方与下颌的连接点，若按压时感到疼痛，代表血液循环不良，可能有毒素累积。

2 左手比画出"4"的手势
将左手大拇指向内弯曲，比画出"4"的手势。

3 利用左手拇指开始按摩
右手抓住比画出"4"的手，放于脑后，让左手拇指贴于耳下，并用左手拇指画圆按摩耳朵与下颌的连接点，逆时针和顺时针方向各画圈10次；完成后吸气，将颈椎回正，再换另一边按摩。

4 将颈部慢慢往右侧压
呼气，用双手慢慢将颈部往右侧压，注意不可低头或拱背。

5 自然呼吸，伸展颈部肌肉
自然呼吸5~10次，感觉下巴和颈部肌肉充分被伸展。右脸结束后，再换左脸进行。

> **建议** 维持吸气、呼气的节奏，利用因呼吸而起伏的锁骨按摩肌肉，效果更好。然后进行另一边的按摩。

美丽小贴士

02

打造性感迷人的锁骨线条

各位应该都听过"锁骨美人"吧？指的是拥有优美锁骨线条的魅力女性。美丽的锁骨线条就像衣架一样，可以撑起衣服，让你不论穿什么衣服都好看。佩戴珠宝等饰品时，更能衬托迷人的个人韵味。锁骨的轮廓与胖瘦无关，就算身材瘦小，锁骨轮廓也不一定明显，而有些人体态丰腴，却拥有美丽性感的锁骨线条。

其实，每个人都有锁骨线，其消失的原因，大多是"不良的姿势习惯"所致。检测锁骨线的方法就是抬头挺胸，将背部挺直，肩膀向外挺出。如果锁骨线仍看不清楚也不要担心，可试着通过指压按摩的方式按摩锁骨，美化线条。只要每天按摩1分钟，就可找回消失已久的锁骨线，变身为"锁骨美人"。

变身"锁骨美人"的按摩法

1. **先找出耳朵下方的凹点，再顺着肩膀找到锁骨**
先用食指找出左耳下方的凹陷处，从该点出发，顺着肩膀找到锁骨的终点，这个位置大约在肩膀向前弯时的凹陷处。

2. **在锁骨线终点处轻轻画圆按摩，再用力按压**
利用右手的四根手指，在锁骨线的终点下方轻轻画圆按摩，再用力按压，刺激穴道。

3. **从锁骨线终点开始，往胸部中央按压**
从锁骨线终点开始，由外往内，顺着锁骨线下方，往胸部中央轻轻按压，来回重复约10次。左胸结束后，再换左手按压右胸。

> **建议** 按摩的力度不要过大，避免伤及皮肤，以有感觉但不疼的力度为宜。

第三章

13招消除赘肉，塑造迷人的纤长手臂

杰西卡的
1分钟
完美曲线操

消除手臂赘肉

　　即使身体其他部位纤细，但如果手臂上的赘肉较多的话，还是会给人"粗壮"的感觉，曲线往往会因为松垮的手臂而黯然失色。手臂肌肉和消化器官相连，因此，不能只靠运动去消除脂肪，而要通过合理的饮食搭配，才能达到事半功倍的效果。

　　平日可多做能刺激手臂及腋下内侧肌肉的伸展操，促进血液循环，强化手臂力量，避免脂肪囤积，形成赘肉。此外，上手臂与下手臂要同时锻炼。因为上手臂与肩膀相连，下手臂则与手腕相连，必须均衡刺激手臂肌肉，才能调动上半身肌群，使整体线条匀称美观。

紧实流畅的手臂线条

1 站姿，双手向后拢

自然呼吸 ➜ 抬头挺胸站立，手心向上，将双手手臂用力向后伸展。

2 手臂向外画圆旋转

吸气+自然呼吸 ➜ 将双手手臂同时慢慢向外旋转，再向内旋转，内外交替旋转，持续约1分钟。

美臂合掌，消除手臂赘肉

1 坐姿，手心相对

自然呼吸 ➜ 呈盘腿坐姿，将双手手肘弯曲，手心相对，肩膀放松，手臂平举至胸前的高度。

2 双手交叉于胸前

自然呼吸 ➜ 维持双手的平举高度，并交叉于胸前，保持腰背挺直。

> **要点** 注意身体的重心,保持左右平衡,肩膀不可倾斜。

3 双手的大拇指互相扣住

吸气 ➜ 将左右手的拇指互勾固定。

4 将交叉的手臂向上举高

呼气 ➜ 将手臂向上伸展,手掌要高过头部,保持1分钟后回到原位;再将左右手臂上下交换,以相同方式伸展。

刺激淋巴循环，找回美丽手臂线条

1 坐姿，右手贴地，左手臂上举

吸气+呼气 ➡ 呈盘腿坐姿，右手撑地将身体向右侧弯曲，深吸一口气后将左手臂向上伸直。再呼气，感受肋骨和腋下肌肉充分被伸展，并在最大伸展点静止，保持约30秒。

要点　画圆时，请将胸部提高，肩膀和背部要完全打开，在不过度拉扯的状态下进行伸展。

2 **手臂用力向后伸展**

呼气+自然呼吸 ➡ 将左手臂用力向后伸展，让小拇指有被往后拉扯的感觉，保持自然呼吸，保持此体式约1分钟。

3 **将手臂往前画圆**

自然呼吸 ➡ 由上而下，慢慢将左手臂往前画圆一圈。然后。换左手撑地，右手臂举高，以相同的方式进行伸展。

增强肌力，恢复手臂弹性

为什么消除多余的赘肉后，手臂看起来还是松垮无力呢？那是因为手臂的肌力不足，缺乏弹性。想拥有健美紧实的体态，除了消除脂肪，还必须增强肌力，充分训练肌肉，才能使肌肉恢复弹性。

人体的肌肉就像弹簧，可以靠"训练"调整其松紧度。松垮下垂的手臂就像缺乏弹力的弹簧，只要加强锻炼，一定可以使其恢复弹性。

因此，想要让手臂肌肉看起来更紧实，不妨锻炼腋下及手臂内侧肌肉，防止手臂松弛，恢复紧实线条。

锻炼手臂肌群的力量

要点 肩膀向后推，挺直背部、胸部、肩膀，并完全打开。

1 坐姿，左手撑地，视线向后看

吸气 ➡ 抬头挺胸，呈盘腿坐姿，视线向斜后方看，左手撑地，掌心完全贴地，指尖朝向身体，右手放在左侧大腿上。

2 将肩膀往外推

呼气+自然呼吸 ➡ 左肘向后弯曲，将肩膀向后推，重复1~2次手臂外推的动作后，保持手肘弯曲的姿势1分钟。然后换右手撑地，以同样的方式进行伸展。

增强手臂肌肉弹性

1 坐姿,手臂平举至胸前

自然呼吸 ➔ 呈盘腿坐姿,将手臂弯曲,平举至与肩膀同高。

> **要点** 手臂后推时,肩膀与上手臂必须平行,肩膀保持不动。

2 将手臂向后推

呼气 ➜ 保持手臂平举高度,将手臂向后推,并配合进行"呼、呼、呼"的短促呼气。快速地重复后推1~2次后,维持手臂后推的体式,坚持1分钟。

促进手臂血液循环

要点 双手交叉相扣,支撑身体,保持重心与平衡。

1 跪姿,上手臂撑地

吸气 ➡ 屈膝跪地,双脚分开至与骨盆同宽,手臂打开至与肩膀同宽,将下手臂完全贴地,双手手指交叉相扣。

要点　腰椎稍微下压，以保持身体重心。

2 将臀部向后推

呼气+自然呼吸 ➡ 将臀部稍微向后推，以伸展上手臂的肌肉，并重复进行动作1及动作2的前后伸展动作，1~2次。

3 呈跪姿，上半身趴地

自然呼吸 ➡ 将臀部向后推放在腿上，双手臂向前伸直，上半身完全趴下，让额头和鼻尖轻触地垫。放松肩膀，自然呼吸并保持1分钟。

代谢手臂的循环废物

要点：进行体式时，手臂伸直，肘部不要弯曲，双手拇指紧贴并拢。

1

1 呈趴跪姿，双手向前伸直

吸气 ➡ 将双手放在瑜伽垫上，掌心完全贴合地面，十指完全打开，双腿跪坐，身体向前趴，臀部紧贴脚跟。

> **要点** 侧转时，保持手掌掌心完全贴合地面，让肌肉得到充分伸展。

2 上半身向左侧转

呼气+自然呼吸 ➔ 手掌贴地，将身体向左转，将胸部向左侧展开，感觉下手臂及肩膀后侧被充分伸展，保持30秒后再转正。

3 上半身向右侧转

呼气+自然呼吸 ➔ 换将身体向右转，将胸部向右侧展开，感觉下手臂及肩膀后侧被充分伸展，保持30秒后再转正。

塑造手臂肌肉的线条

要点 双手拇指平行相对，而不是上下交叠，保持身体平衡。

1 坐姿，双手十指背后相扣

吸气➡盘腿而坐，将双臂向后伸展，双手大拇指呈数字"11"的形状相对，其余手指相扣。

> **要点** 进入体式时,肘部尽量靠近,放松肩膀与颈部,不可耸肩或驼背。

2

2 将双手拉近至臀部

呼气➡弯曲手臂,将双手向臀部拉近,并将大拇指贴在尾椎上。重复进行手臂向内弯曲、向外伸直的动作,共15次。

3 将大拇指贴于尾椎

自然呼吸➡最后维持大拇指贴于尾椎的体式,保持1分钟后再恢复。

快速打造纤长手臂

> **要点** 把胳膊伸直,以看到肘部为准。

1 呈屈膝跪姿,双手撑地

吸气➡ 屈膝跪地,十指打开撑地,双手大拇指务必紧贴,以充分支撑身体。

> **要点** 身体呈三角形姿势，脚掌才能完全伸展。不要刻意耸肩，以最放松的状态进入体式。

2 起身，身体呈三角形

呼气+自然呼吸 ➡ 将双腿与双臂同时伸直后站起，充分感受上手臂肌肉正被伸展，保持1分钟后再恢复原位。

塑造手臂正面的线条

要点 将小指包入掌心，以维持身体平衡，有助于伸展姿势。

1 屈膝跪地，将前臂撑于地面

吸气➡跪姿，双脚张开至与骨盆同宽，手臂则打开至与肩膀同宽，将前臂完全贴地，双手十指交扣。

2

2 身体重心向前移,臀部下压

吸气➡将臀部稍微向下压,大腿与地面成45°,背部挺直,之后重复臀部下压、抬起的动作,持续约1分钟。

打造纤细手腕

经常使用电脑或智能手机的人,手腕容易用力过度,这样除了对肌肉造成伤害,也会导致血液和淋巴液的循环不良。一旦血液循环不良,就会导致浮肿、废物堆积、肌肉疲劳等现象,大幅度降低手臂的肌耐力。

经常做1分钟完美曲线操,能有效刺激手腕肌肉,强化上手臂的肌耐力。只要经常锻炼上手臂的肌肉,不仅能消除疲劳,也可消除上手臂的紧绷感,美化手臂的整体线条,打造纤细美丽的双臂。

反手舒压，消除手腕疲劳

1 坐姿，双手反掌相扣，平举至胸前

自然呼吸 ➡ 盘腿而坐，双手反掌相扣，抬头挺胸，放松肩膀。

2 双手向身体内侧翻转

自然呼吸 ➡ 将相扣的双手向内翻转半圈，维持上手臂与肩膀同高，自然呼吸并保持30秒。然后左右手上下交换，以相同方式翻转，保持30秒。

消除手腕肿胀

要点 从肩膀开始,让手臂向两侧伸展,感觉身体的重心一直向外延伸。

1 坐姿,双手向两侧平举伸直

自然呼吸 ➡ 盘腿而坐,将双臂向外伸直,抬高至肩膀的位置。伸出三指,无名指和小拇指则收进掌心;将双臂用力转一圈后再握拳。

2 将手腕用力向下转

吸气➜慢慢将握拳的手腕向下弯曲90°，保持手腕和手臂的肌肉紧绷感。

3 将手腕用力向上转

呼气➜将向下弯曲的手腕向外转向上方，同样保持90°弯曲。慢慢地放松肩膀，将手臂放下。在1分钟内，重复前面三个动作1~3次。

伸臂反掌，打造美丽手腕

1 坐姿，双手反掌贴地

自然呼吸 ➡ 盘腿而坐，上半身略微前倾，指尖朝向身体，双手反掌贴地，右手掌心尽量贴地，左手则指尖贴地即可。

> **要点** 反掌按压时务必慢慢下压，要小心，不要强迫压掌，以免受伤。

2

2 随着呼气节奏，左右掌轮流下压

自然呼吸 ➔ 呼气，同时将左手掌压向地面，右手则抬起；然后轮流减缓左右手掌动作，持续进行约1分钟。

美丽小贴士

打造纤细修长的手臂，从清理肠胃开始

纤细修长的手臂几乎是每个女人梦寐以求的，却也是最难达成的。与身体其他部位相比，因为手臂肌肉的基础代谢率较低，很难有机会单独使用手臂肌群。因此，就算身材再好，手臂的"蝴蝶袖"也在所难免。

受"蝴蝶袖"困扰的人要特别小心，因为肠道健康与"手臂线条"息息相关，"手臂粗壮肥胖"可能是肠道功能异常所致。上手臂与大肠相连，若肠道功能较差，肩膀下侧及手臂外侧就容易有赘肉产生。肠道不健康的原因则经常和"便秘"有关，因此，只要提升肠道活力，消除便秘，就能恢复肠道健康。

为了促进肠道的健康与活力，建议多吃富含膳食纤维的水果和蔬菜，因为膳食纤维可抑制大肠吸收脂肪，有效预防肥胖，效果良好。平常也可多吃新鲜蔬果、菌类和海藻类食物，其中，对肠道最好的食物首推"菌类",我特别推荐各位用平菇做食材。平菇价格低廉,一年四季皆是产季。下面我就为大家介绍"平菇海苔卷",能有效消除便秘,减轻体重,效果显而易见。

若无特殊需求,只是单纯想改善肠道健康者,可将"平菇海苔卷"当作三餐的开胃菜食用,每餐吃5个左右;若想减肥则可以饭卷代替早、晚餐,每餐吃5个左右,午餐则正常饮食。"平菇海苔卷"可改善肠道功能,快速消除便秘,还能纤细手臂,一举两得。

快瘦食谱:平菇海苔卷

材料

平菇一小袋(约100克),豆腐或焯水的卷心菜(约100克),无盐和无香油的海苔或少量海带。

做法

❶ 将平菇清洗干净备用,将豆腐或卷心菜切成适合入口大小的片。

❷ 将平菇放入沸水中稍微汆烫,捞起后放入冷水冲凉,沥干备用。

❸ 将平菇、豆腐或焯水的卷心菜放在无调味的海苔或海带上。

❹ 将海苔或海带卷起后依个人口味,蘸一点醋或酱油即可食用,吃起来清脆爽口。

美丽小贴士

简单的手臂按摩,有效消除疲劳,改善肠胃不适

人体相当奇妙,不同种族的人,其身体构造也略有不同,这也是东、西方人饮食习惯不同的原因。例如,以肉类为主食的东方人,其肠道较短。现代人的肠道健康问题日渐显现,或许和饮食西化有关。因此,不妨利用"按摩"帮助肠道蠕动,恢复健康。

人体的许多部位之间是息息相关的,例如被称为"第二个心脏"的足底,隐含了许多和器官相连的穴位;其他与之相连的器官还包括嘴和脾脏、耳朵和脊椎等,因此,我们可以借由观察特定部位,找出可能存在问题的器官,以了解自己的健康状况。

其中,"肠道健康"和"身体疲劳"有紧密关系,肠道不适会让人心情烦闷,失去活力。此时,可通过"按压手臂"改善肠道健康。若经常感到疲劳或肠胃不适,建议多按摩手臂,特别是无法进行大幅度伸展的人,按摩手臂也是消除身体不适的好方法之一。

缓解疲劳的手臂按摩

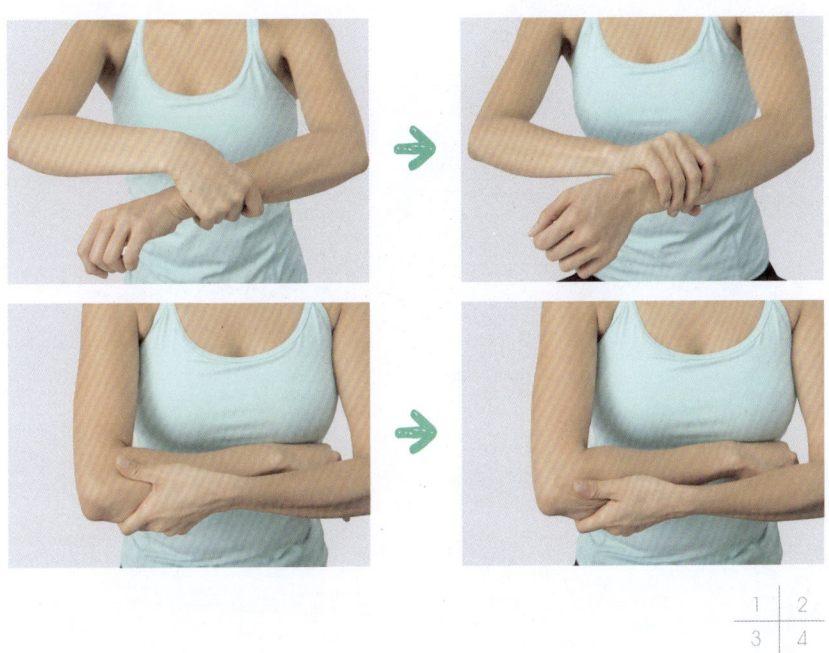

1	2
3	4

1. **右手抓住左手腕,前后转动**

   用右手抓住左手腕,让左手腕前后转动;再用左手抓住右手腕,以相同的方式转动。经常转动手腕不仅能消除疲劳,也能塑造手腕曲线,消除肿胀。

2. **手肘弯曲,用左手大拇指按摩右手肘**

   双手平举弯曲,用左手大拇指按压右手肘前侧的凹陷处;然后左右手交换,用相同方式按压手肘。此动作能缓解肩膀疼痛,恢复活力。

第四章

5招改善平胸下垂，塑造浑圆坚挺的美胸

杰西卡的
1分钟
完美曲线操

告别下垂，让胸部坚挺

若想拥有完美的胸型，必须先"矫正身体的姿势"。胸型的美丽与肩膀的平衡有关，因为肩膀肌肉与胸部相连，一旦肩膀左右高低不平，胸部就会不对称或大小不一。

此外，胸部肌肉也与手臂肌肉相连，手臂不灵活，胸型也可能不美丽。简单来说，胸型的美丽和肩膀、手臂的肌肉有绝对的关系，只有强化肩膀和手臂的肌肉，才能改善胸部的延展性，塑造出健康迷人的胸部曲线。

坐姿美胸，强化胸部肌肉

要点 进入体式时，背部挺直，放松肩膀肌肉。

1 坐姿，抬起右手，手肘微弯

吸气 ➡ 盘腿而坐，吸气，将右手向上抬起，手肘微微弯曲。

2 右臂尽量向后伸展

呼气 ➡ 右臂用力向后伸展至后脑勺，感觉后方有人拉住，在1分钟内，重复手臂前后摆动的动作。再换左臂，以相同的方式进行。

收拢外扩胸型

1 坐姿，双手向前伸直

吸气 ➡ 盘腿而坐，背部挺直，保持身体重心稳定，双臂向前打开，平举至肩膀的高度。

要点　伸展时，除胸部肌肉外，肩膀、手臂等其余部位都不动。

2

2 双臂收回，以集中胸部肌肉

呼气+自然呼吸 ➔ 将左右手臂收回靠拢，掌心平行相对，指尖朝向正前方。快速呼气，感受胸部肌肉的延展与收缩。重复双臂打开、靠拢的伸展动作，并持续1分钟。

提拉下垂胸部

要点 高举手臂时,视线请向下看,请保持头顶向前,脸部朝下,才能充分延展肩膀与胸部的肌肉。

1 跪姿,左手撑地,右手放在头顶前
吸气➔屈膝跪地,左手撑地,将右手手臂弯曲至头顶的高度,掌心朝内,视线向下看。

2 **将右手臂连同肩膀向后伸展**

呼气➡用肩膀的力量,将右手臂向后伸展,抬高至后脑勺的位置。在1分钟内,充分感受肩膀、腋下和胸部肌肉的伸展。再换左手举高,右手撑地,以相同方式伸展。

塑造黄金比例的美胸

　　无论是男性还是女性，都希望拥有漂亮的胸型，健美的胸型除了可改善身材曲线，也能增加自信。通过锻炼胸部和腋下的肌肉群，便可美化胸型，让上半身线条更匀称美观。

　　此外，对于女性来说，胸部并非大、丰满就好，弹性、健美、集中才是最为完美的胸型，与胸部大小没有绝对关系。因此，胸部较小的人也不要气馁，通过锻炼胸肌与腋下肌肉，同样可以打造小巧却充满弹性的漂亮胸型。

俯卧丰胸，重塑胸部曲线

> **要点**　做动作时，用腹部的力量抬起身体，伸展胸部肌肉，保持身体重心。

1 跪姿，双手撑地

吸气 ➡ 双腿屈膝跪地，大腿与地面呈90°，双手指尖相对撑地，双臂张开的距离保持与肩同宽。

2 弯曲手臂，将上半身向下压

呼气+自然呼吸 ➡ 轻轻地弯曲手臂，让身体向下压；吸气，再回到预备姿势。慢慢重复手臂伸直、弯曲的胸部伸展动作，持续1分钟。

合掌塑胸，调整胸型的比例

1 双手合掌置于胸前

自然呼吸 ➜ 盘腿而坐，双手合掌，平举至胸前。

2 将手臂向右推

自然呼吸 ➜ 用左手的力量，将平举的双臂向右推，直到无法前进为止。

要点　放松肩膀，用手掌到手臂的力量画半圆。

3 用手臂的力量，在胸前画半圆

自然呼吸 → 将合掌的双臂，由右至左，在胸前画半圆。在1分钟内，以顺时针和逆时针的方向画半圆后，回到预备姿势，再换将双臂平推至左侧，以相同的方式画圆伸展。

美丽小贴士 05

揭秘"减肥不减胸"的饮食法

许多减肥中的女性都有相同的烦恼,那就是"到底要如何吃,才能既瘦身又不减胸"呢?答案很简单,就是"多摄取优质的高蛋白食物"。

乳房是由腺体、输乳管、脂肪组织和纤维组织等构成的,必须通过摄取高蛋白食物和运动,两者并行,才能同时"补充"和"控制"胸部发展。

另外,雌性激素是否活跃,也会影响胸部的大小,而均衡氨基酸及影响雌性激素活力的关键,则是优质的"高蛋白食物"。蛋白质存在于各种食物中,比如奶酪、牛奶、肉类、豆类、鸡蛋等都含有丰富的蛋白质。不过,部分动物性蛋白质食物,其固醇及饱和脂肪酸的含量均过高,因此建议各位女性朋友,不妨以植物性蛋白质食物(比如大豆)来代替。

大豆中含有丰富的雌性激素,是良好的塑胸食品。特别是以大豆为主要成分的"豆腐",是提高胸部肌肉吸收率的最佳食物。只要每日三餐均衡地摄取豆腐,便可提升蛋白质、维生素等其他营养素的吸收率,让你轻松拥有丰满的美胸。

美丽小贴士

消除腋下赘肉，有效排毒

腋下赘肉不是年龄大的人才有，很多20~30岁的年轻女性也经常出现这样的状况。如果不是在炎热的夏天穿上无袖的上衣，平时我们很难察觉在腋下日积月累的赘肉。其实，腋下线条正是打造完美身材曲线的关键之一。

腋下是"淋巴结"的主要集中部位，也是代谢废物聚集的部位，因此，被称作"身体的垃圾处理场"。若不将积累在此的废物排出体外，就可能导致淋巴液循环不畅，身体不仅会感到疲倦，脂肪也会在此囤积，形成赘肉。

因此，利用按摩持续刺激腋下，促进腋下的血液循环，排出身体的毒素，恼人的肿胀便会消失，肤色也会变得更加明亮。女性朋友们只要每日坚持按摩和刺激腋下，身体就会彻底放松，变得轻盈舒畅，重现美丽与健康。

缓解疲劳的手臂按摩

1. **呈坐姿，抬高左手，用右手按摩腋下肌肉**
   盘腿坐于地面，将左手高举过头顶，用右手按压腋下肌肉，约按压50次。

2. **交替进行按压**
   再换右手抬高举过头顶，用左手以相同的方式按摩腋下肌肉，约50次。

> 建议　每天按摩腋下，可有效排出体内毒素，消除腋下赘肉。

第五章

8招美腰瘦腹，练出迷人马甲线

杰西卡的
1分钟
完美曲线操

消除肥软的腰侧赘肉

想成功塑造S形曲线，能否练出"腹部侧边肌肉"是决定身材好坏的关键。在日常生活中，我们很少用到侧腹部，但是，这个位置却最容易囤积脂肪，形成讨厌的赘肉，身材也会跟着走样。特别是长时间坐着工作和学习的上班族或学生。

建议大家尽量减少坐着的时间。若真的无法避免久坐，也尽量每坐1小时，就站起来活动5分钟；或是利用空闲时间做伸展操，加强刺激腹部肌肉、促进血液循环，避免脂肪囤积。

强化核心肌群，塑造理想曲线

要点 尽量保持腰部和臀部离地，并维持腰背挺直，用手臂的力量将身体撑起。

1 趴姿，脚尖与手肘撑地

自然呼吸 ➡ 手臂打开至与肩同宽，将上手臂完全贴地，十指交扣；双脚张开至与肩同宽，用脚尖撑地，持续约1分钟。

伸展侧腹部的肌肉,塑造紧致美腰

1 坐姿,右脚向侧边伸直,双手置于后脑勺

吸气 ➡ 右腿向侧边伸直,左腿盘腿坐式;双手放在后脑勺,腰背挺直,深呼吸,侧腹肌肉请用力。

> **要点** 向侧边伸展时,请保持身体重心稳定,不可前倾或后仰。

2

2 上半身向右弯,向上方看

呼气+自然呼吸 ➡ 双手持续抱头,将上半身向右弯,脸转向左侧,视线向上看,保持1分钟;接着,换左腿伸直,右腿盘腿坐式,以相同方式进行伸展。

紧实腰腹，平衡上半身曲线

1 站姿，踮起右脚尖，双手抱头

吸气 ➡ 站姿，抬头挺胸，踮起右脚尖；肩膀打开，将双手轻轻放在脑后，深呼吸。

| 要点 | 肩膀与胸部完全打开，充分呼吸并伸展肌肉。 |

2 将右脚向侧边抬高

吸气 ➡ 腹部用力，将右脚向右手腋下的方向抬高，尽量将髋骨打开。在1分钟内，重复右脚抬高、放下的动作。

3 保持右脚抬高的姿势

自然呼吸 ➡ 保持右脚抬高、脚尖勾起的体式约10秒。再换左脚进行抬高、放下、保持的动作。

打造紧实的腹部肌肉

想要塑造"紧实腹部",不能只依赖运动维持,还需配合饮食习惯,避免摄取高热量的食物。饮食及运动双管齐下,才能维持充满弹性、紧实的腹部肌肉。

此外,与其他部位相比,腹部并非短时间锻炼就能有成效的,腹肌的锻炼需要长时间的坚持。因此,进行腹部运动的重点是"姿势正确"和"长时间"的进行。而"腹部肌肉"也是身体的核心,锻炼腹肌还能强化核心肌群,使身体线条更加完美。

强化肌肉，燃脂美腹

要点 头部、肩膀和双手都紧贴地板，保持身体重心不歪斜。

1 躺姿，双腿屈膝，向上抬起

吸气➡ 躺在瑜伽垫上，掌心紧贴地面，膝盖略微弯曲，脚尖向上，将双脚抬高。

2 将臀部向上抬高，让脚掌超过头部

吸气➡ 腹部用力，将臀部向上抬高，下背离地，膝盖大约在脸上方的位置。保持此姿势1分钟。

塑造平腹、翘臀、美腿的线条

1 躺姿，左脚抬高伸直，右腿弯曲

自然呼吸 ➔ 躺在瑜伽垫上，视线向上，掌心紧贴地面，再将双脚抬起，并弯曲右腿。

2

| 要点 | 腰部不要离开地面。运动时,腹部用力,而非双腿用力。 |

2 双脚如同蹬自行车般做伸展运动

自然呼吸 ➡ 利用腹部的力量,如同蹬自行车般用腿画圆、转动,慢慢地呼吸,感觉肌肉正在伸展,并保持1分钟。

锻炼腹肌马甲线

要点 腰部和臀部要紧贴地面，充分刺激腹部肌肉。

1 平躺，交叉并抬高双脚

吸气➡平躺，肩膀与头部贴地，掌心也紧贴地面，让右脚在上、左脚在下，交叉双脚后抬高。

2 放下双脚,但不落地

自然呼吸 ➔ 将双脚慢慢放下,停留在感觉腹部被伸展和施力最大的位置,注意双脚不可落地。在1分钟内,重复双脚抬高、放下的动作。接着,换左脚在上、右脚在下,交叉双脚后,以相同方式进行伸展。

平坦美腹，消除腹部脂肪

要点 腰背挺直，臀部不可翘起。

1 趴姿，双手与脚尖撑地，左脚尖略抬起

吸气➡双手撑地，手脚打开至与肩同宽，身体重心略往前；呈趴姿，踮起脚尖。左脚尖稍微离开地面。

要点　双脚快速交替，有效燃脂。根据个人身体状况，保持一定的速度，不可操之过急。

2 左脚向前，并推至胸口

呼气➡将左脚向前推至胸口，再向后伸直；再换右脚进行前推、向后伸直的动作。重复双脚快速前推、伸直的动作，持续1分钟。

甩掉脂肪，打造优美曲线

1 侧躺，右手肘撑地，左手放在臀部上

吸气 ➡ 右手五指打开后贴地，并用右肘撑地，支撑身体重量后侧躺；双脚交叉，左脚在前，脚掌踩着地板，右脚外侧贴地。

2

 要点 为了维持身体重心及有效刺激肌肉，请保持缩腹、夹臀的紧绷状态。

2 将身体向上抬起

呼气+自然呼吸 ➔ 利用腹部的力量，以右肘与左脚掌为支撑点，将身体抬高，停留1分钟。接着换另一边侧躺，以左肘和右脚掌为支撑点，以相同方式抬高身体。

美丽小贴士

肠道健康，才能拥有完美曲线

现代人生活忙碌，饮食不规律，容易使肠道产生压力。另外，缺乏运动、久坐等不良生活方式，也会导致身体基础代谢率降低，最终造成肥胖。

想维护肠道健康及减少内脏脂肪的产生，只有养成良好的生活习惯，才可以改善肠道活力，保持健康体魄。

1.起床后先喝一杯温开水

早晨醒来后空腹喝水可唤醒沉睡的身体，促进肠胃蠕动，帮助排便，亦可刺激交感神经，帮助脂肪燃烧。

2.少喝饮料，多喝水

水能稀释并中和胃酸，帮助消化，也能增加胰岛素分泌，避免脂肪堆积在细胞中，妨碍消化。一般避免在饭前或饭后30分钟内喝水，防止消化不良。

3.多吃富含膳食纤维的食物

膳食纤维能促进肠道蠕动，可多吃菌类、海藻类、马铃薯等食物。此外，多吃鱼类、豆类食物，也可减少内脏脂肪的堆积，预防"三高"。

除了控制饮食外，通过运动锻炼肌肉，也是减少内脏脂肪的好方法。养成正确的生活方式，改善肠道健康，才能拥有健康美丽的身体。

腹部按摩，改善肠道健康

1/2

1 手背相对，用指尖点压腹部
十指并拢，手背相对紧贴，配合自然呼吸，从胸口下方开始，按照图上的数字顺序，用指尖按照顺序轻轻地按压腹部上的9个位置。

2 手掌交叠，在腹部上方按压画圆
双手手掌交叠，以顺时针方向，在腹部上方轻轻地按压画圆，重复约10次。

第六章

12招消除松垮，打造迷人的紧致翘臀

杰西卡的
1分钟
完美曲线操

调整歪斜骨盆，消除下半身肥胖

骨盆是身体的中心，一旦倾斜，人体的左右肌肉组织便会失去平衡。一旦失去平衡，就会导致肌肉组织的使用量不均衡，造成脂肪囤积、体态走样、下半身肥胖等问题。因此，骨盆平衡是非常重要的，如果不及时矫正倾斜的骨盆，再怎么努力运动减肥，都不会成功。

因此，在开始运动前，我们要先从调整骨盆的平衡着手，提升运动效果。建议下半身肥胖的朋友，先从调整骨盆开始做起，一旦骨盆平衡，体重自然就会减轻，恢复窈窕曲线也就易如反掌。本节的骨盆矫正运动非常适合初学者，很容易跟进运动。

矫正骨盆倾斜

> **要点** 保持骨盆平衡，臀部不要离开地面，身体保持端正。

1 坐姿，双手置于后脑勺

吸气➡坐在瑜伽垫上，左脚在前，右脚置于臀部后方，双腿呈"Z"形坐姿，双手放在脑后。

2 上半身往右侧弯

呼气➡将身体往右侧弯，保持1分钟。接着，左右脚前后交换，让上半身往左侧弯，以相同的方式伸展。

伸展骨盆肌肉，放松臀部

要点 不要将双脚过度向身体拉近，以免挤压臀部肌肉。

1 坐姿，双手向前自然垂放

吸气 ➡ 腰背挺直，双脚脚掌相对而坐；双手掌心向外，自然地向前垂放。

2

要点 放松身体,肩膀切勿用力,避免耸肩,彻底伸展臀部。

2 放松肩膀,上半身向前弯

呼气+自然呼吸 ➡ 全身放松,感觉背脊卷曲似的向前弯,保持这个体式1分钟。

平衡臀部肌群

> **要点** 不要将双脚过度向身体拉近,避免挤压臀部肌肉。

1 坐姿,双手向前自然垂放

吸气 ➡ 腰背挺直,双脚脚掌相对而坐;双手掌心向外,自然地向前垂放。

> **要点** 尽量让额头碰到右膝盖，充分伸展臀部肌肉。

> **要点** 尽量让额头碰到左膝盖，达到良好的伸展效果。

2 肩膀放松，将上半身向右转
呼气+自然呼吸 ➡ 头向前低，将身体慢慢向右转，使身体重心右移，接着，轻轻呼气并保持这个体式30秒。

3 肩膀放松，将上半身向左转
呼气+自然呼吸 ➡ 头向前低，将身体慢慢向左转，使身体重心左移，接着，轻轻呼气并保持这个体式30秒。

恢复骨盆平衡

要点 身体轻轻地向下压，让腹部与膝盖尽可能完全贴地。

1 趴姿，脸面向左，左腿侧弯

自然呼吸 ➡ 舒服地趴在瑜伽垫上，脸部面向左侧，双手平贴地面，同时将左膝贴地，左腿弯曲呈90°。

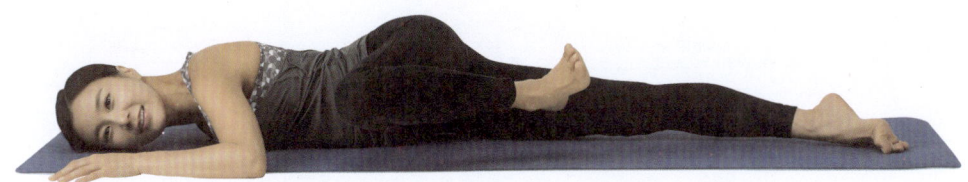

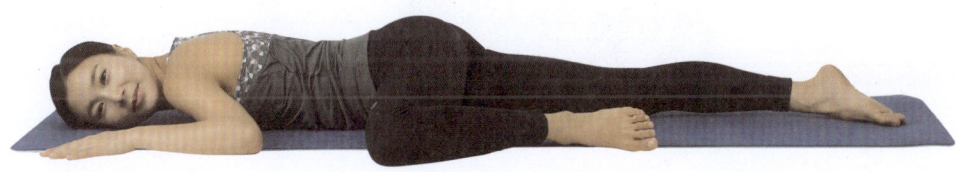

 静心感受吐出来的气,从骨盆散发到脚底,身体彻底放松。

2 勾起脚尖,将弯曲的左腿抬高

呼气+自然呼吸 ➡ 维持左膝90°弯曲,将左腿向上抬高,在1分钟内重复抬起、放下的动作。

3 放下左脚,放松全身

呼气 ➡ 放松身体,同时将左腿放下,接着先做5次深呼吸;再换脸部面向右侧,右腿弯曲,以相同方式进行伸展。

调整臀部位置

 要点 务必将臀部完全贴坐于地面,上半身挺直,注意骨盆不可倾斜。

1 双腿向右弯,双手向后撑地

吸气 ➡ 左右腿皆向右弯,坐于地面,再双手在背后指尖朝外撑地。一边吸气,一边伸展胸部。

> **要点** 保持颈部放松、下巴收起,并注意保持骨盆左右平衡。

2 将胸部展开,身体向上推

呼气+自然呼吸 ➔ 用左大腿的力量,尽量将身体向上抬高撑起,在最大伸展点停留1分钟。接着,将右腿向左侧弯曲,以相同的方式进行伸展。

提拉下垂臀部，增加肌耐力

与欧美人相比，亚洲人的臀部肌肉量相对比较少，这也是为什么欧美国家多产翘臀美女的原因。

臀部肌肉量会随着年龄增长而逐渐减少，肌肉量一旦减少便无法负荷臀部脂肪的重量，此外，在重力的施加下，臀部将更容易下垂和松垮。

在日常生活中，能大量运动臀部肌肉的机会较少，因此我们可通过刺激血液循环、伸展臀大肌等运动，训练臀部的肌肉，随时保持肌肉的紧实感，便能恢复臀部曲线，拥有性感翘臀。本节所介绍的臀部运动，可同时训练下半身的肌耐力，同时有助于身体的平衡。

重塑完美的臀腿曲线

要点 为了避免脚踝压力过大,可将脚趾稍稍勾起,避免受伤。

1 站姿,双手交叠于胸前

自然呼吸 ➡ 站姿,双脚打开至与肩同宽,左右手肘呈90°弯曲,双手交叠平举胸前。

2 半蹲姿,将臀部向后推

呼气 ➡ 保持双手的高度,像坐椅子般坐下,膝盖不能超过脚尖;自然呼吸,慢慢重复起身、蹲下的动作,共10次。最后,保持蹲坐姿势1分钟。

活力美臀，畅通骨盆血液循环

要点 单腿站立时，下腹请用力，让骨盆不倾斜，维持身体重心平衡。

1 站姿，左腿抬高

吸气➡ 站姿，抬头挺胸，将双手放于左右两侧的骨盆上，左腿弯曲呈90°，抬高至骨盆的高度。

> **要点** 保持身体重心平衡，提拉臀部周边肌肉。

2 将左腿向左侧打开

自然呼吸 ➡ 维持左脚的高度，左膝盖则呈90°弯曲不动，向左侧伸展，将骨盆完全打开，并保持自然呼吸。

3 将左脚向后伸

呼气 ➡ 将左脚往后伸，维持左膝盖呈90°弯曲不动。在1分钟内重复该动作1~3次。再换右脚抬起，以相同的方式进行伸展。

桥式翘臀，强化骨盆及臀部肌肉

1 躺姿，双腿弯曲

吸气➡将背部紧贴地面躺下，双手平放于身体两侧。双腿弯曲，双脚打开至与肩同宽，尽量朝前，双脚外侧平行脚尖呈"11"形平行。

> **要点** 将脚底完全贴合地面,利用大腿内侧的力量,而非双手的力量抬起臀部。若支撑1分钟太勉强,可分成2次,每次保持30秒。

2

2 大腿内侧用力,将臀部抬起

吸气 ➜ 腹部与大腿内侧用力,将臀部向上抬起,维持大腿、腹部和胸部成一圆弧线,保持这个体式1分钟。

锻炼臀大肌,美化臀部线条

1 躺姿,双腿弯曲

吸气➡将背部紧贴地面躺下,双手平放于身体两侧。双腿双腿打开至与肩同宽,脚尖朝前,双脚外侧平行。

2

要点 不要让膝盖过度外开,维持臀部完全向上抬高,尾椎不可垂下。

3

2 用力抬起臀部

呼气+自然呼吸 ➔ 一边呼气,一边用力抬起臀部,自然呼吸停留30秒。

3 踮起双脚脚尖

吸气+自然呼吸 ➔ 将双脚脚尖踮起,并维持双脚平衡,停留30秒;若将双脚往身体内侧移动,可让臀部抬得更高。

趴姿抬腿，改善河马臀、大象腿

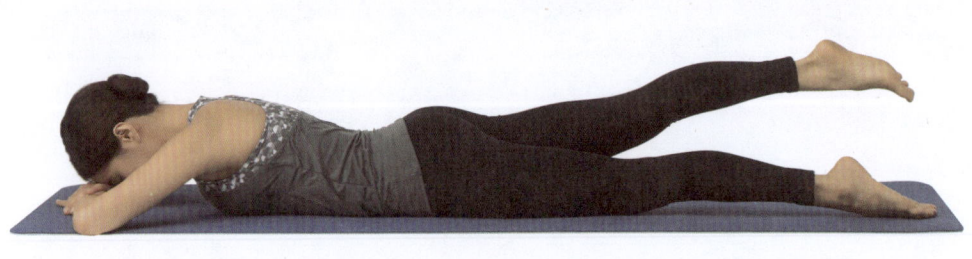

1 趴姿，将右腿抬高

自然呼吸 ➡ 趴在瑜伽垫上，将额头贴在重叠的双手上；双脚打开至与骨盆同宽，脚跟用力，将右腿伸直向上抬起。

2 将左腿也抬起

自然呼吸 ➡ 再将左腿向上抬起，与右腿平行，保持距离勿并拢。

3

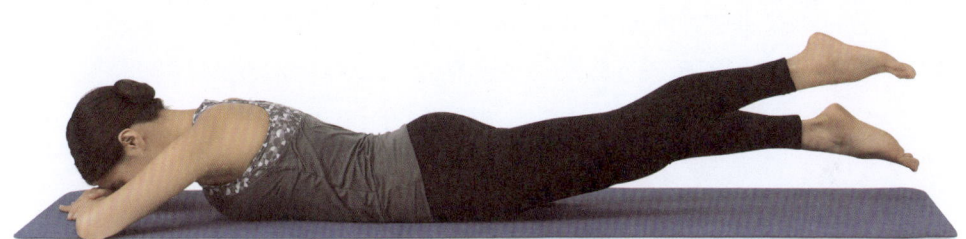

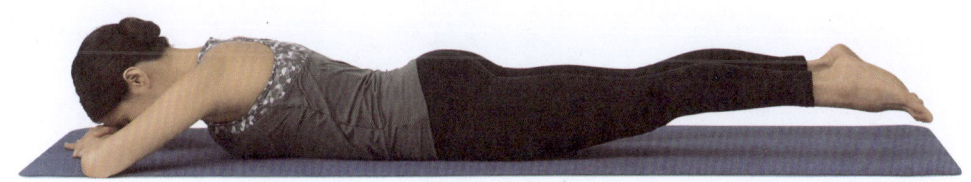

3 先放下右腿，再放下左腿

自然呼吸 ➔ 将右腿轻轻放下，再放下左腿，与右腿平行，但两脚皆不着地，且双脚距离保持与臀部同宽，维持悬空的状态，在1分钟内重复1~3次伸展动作。

塑造性感迷人的臀线

所谓臀线，是指腰部以下至大腿后侧上方的这段臀部曲线。理想的臀部是从侧面看时，能看出双圆弧线。肥胖下垂的臀部可通过运动，达到提臀消脂的功效。如果臀部肌肉缺乏弹性，将无法显出性感迷人的臀线。

完美的线条，单靠减脂、提臀也很难达成，必须有效锻炼臀部内侧肌肉、促进骨盆周围肌肉的血液循环，让臀部肌肉由内而外稳固地撑起。这样才能塑造出凹凸有致的完美臀型。闲暇时，可以多做本节的运动，重塑臀部曲线，打造自信翘臀。

强化提拉臀部肌肉

1 躺姿，左腿屈膝，右脚放在左膝盖上

自然呼吸 ➡ 躺在瑜伽垫上，将右腿放在弯曲的左腿膝盖上，再将右腿往身体内侧拉近，充分伸展右大腿后侧的肌肉群。

2 回到预备姿势，再将臀部向上抬高

呼气+自然呼吸 ➡ 回到预备体式，呼气，同时将臀部抬高，保持1分钟。接着左右腿上下交换，以相同的方式进行伸展。

美臀摇摆，锻炼臀部内侧肌肉

1 站姿，双手叉腰，脚尖八字朝外

自然呼吸 ➔ 站立，双手叉腰放于骨盆两侧，双脚打开至与肩同宽，脚尖略向外打开，呈外"八"字形。

2 将重心放在骨盆，身体向下蹲

自然呼吸 ➔ 腹部用力，感觉将身体重量完全放在骨盆的位置，接着膝盖弯曲，向下蹲坐。

要点 注意臀部不可向后翘起，避免身体倾斜。

1 **将骨盆轻轻地向右推**

自然呼吸 ➔ 双手轻轻按压骨盆，慢慢将骨盆向右推并画圆。

2 **将骨盆轻轻地向左推**

自然呼吸 ➔ 换将骨盆轻轻向左推并画圆。请在1分钟内，重复骨盆左右轻推的伸展动作。

美丽小贴士

简单的骨盆呼吸法，矫正倾斜骨盆

大家有没有留意过自己放松平躺时，双腿呈什么样的姿势呢？是双腿伸直、双脚朝上，还是大腿外侧贴于地板呢？其实这两种都不是理想状态，前者表示骨盆过于紧闭；后者表示骨盆过度外扩，骨关节可能有问题。

最理想的"骨盆状态"是放松平躺时，大腿外侧不贴地，而双脚则是略向外分开呈小"八"字形。

骨盆是身体的中心，"骨盆端正"才能找回身体的平衡，而最简单、最轻松的骨盆矫正方法就是"骨盆呼吸法"。骨盆呼吸法可帮助骨盆进行闭合动作，有效地矫正骨盆；同时，也能将堆积于体内的毒素排出，促进细胞新生、活化肌肉组织，打造柔软的身体曲线。

骨盆呼吸法非常简单，只要放松心情，舒服地平躺，进行深呼吸即可。如果在睡前进行1分钟以上的骨盆呼吸法，更能平静心情，有助于良好的睡眠。

维持身体平衡的骨盆呼吸法

1 **躺姿,双手向外打开**

躺在地垫上,脸部向上,双脚脚掌相对,手臂自然地摆放于身体两侧,保持全身放松。

2 **慢慢开始深呼吸**

深呼吸,吸气时感觉有人从头上牵引;呼气时则感觉气流向下至骨盆排出。持续进行深呼吸1分钟以上。

第七章

9招告别大象腿，塑造修长性感美腿

杰西卡的
1分钟
完美曲线操

塑造修长美腿曲线

如何打造一双修长美腿？关键在于"骨盆"。骨盆是身体的基石，对下半身而言十分重要。如果骨盆不正，不仅会影响体态，更会导致双腿肌肉的发展不平衡，造成双腿粗细不一或脂肪堆积等现象。因此，若想拥有一双线条纤细、肌肉均匀的美腿，必须首先矫正"骨盆的位置"，多做骨盆运动操。

此外，"身体向下弯"，有助于雕塑腿部线条。刚开始弯腰低头再起身时，可能会感觉头晕，这说明身体运动不足或血液循环不良。只要坚持进行，反复多做，这种状况便会得到改善，身体的代谢也会越来越好，成为"易瘦体质"。

塑造大腿后侧线条

要点 膝盖用力,让双脚伸直,充分伸展大腿后侧的肌肉。

1 四肢撑地,呈倒V字形

呼气 ➔ 将手臂伸直,双掌压地,双手距离与肩同宽;双脚则打开至与骨盆同宽,使身体呈倒V字形,伸展大腿后侧肌肉。

2 腹部用力,将脚跟抬起

吸气 ➔ 抬起双脚脚跟,同时腹部用力将臀部抬高。接着,在1分钟内重复脚跟抬起、放下的伸展运动。

增强腿部弹性

1 四肢撑地，呈倒V字形

吸气➡将手臂伸直，手掌推地，双手距离与肩同宽，双脚打开至与骨盆同宽，骨盆抬起，使身体呈倒V字形，伸展大腿后侧的肌肉。

2

> **要点** 柔软度较差的人,抬高的腿可先弯曲。

2 将左腿向上伸直抬高

吸气➡时将左腿向上抬起,让左腿与背部呈一条直线,脚尖勾起,掌与小腿呈90°;在1分钟内重复单腿抬高、放下的动作。完成后,再换右腿向上抬高,以相同的方式进行伸展。

增强双腿肌力

1 四肢撑地,呈倒V字形

吸气➡将手臂伸直,手掌压地,双手距离与肩同宽;双脚则打开至与骨盆同宽,骨盆抬起使身体呈倒V字形,伸展大腿后侧的肌肉。

2

> **要点** 此体式难度较高，肌力不足者，请先增加肌力再进行。

2 抬高左腿，并将脚尖勾起

吸气 ➔ 将左腿向上抬，再勾起脚尖，使膝盖呈90°弯曲，在1分钟内重复单腿抬高、放下的动作。接着，再换右腿向上抬高，以相同方式进行伸展。

按摩骨盆周围的肌肉

1 右脚在前，左脚在后，双手手指撑地

吸气➡将右脚放在双手之间，呈弓箭步姿势后，将身体向下压；再将左腿向后伸展，并跷起脚尖。双臂打开至与肩同宽，双手撑地。

要点 身体侧转时，将力量集中于骨盆，可用手轻轻按压骨盆。

2 微微起身，将左腿完全伸直

呼气+自然呼吸 ➔ 将左腿完全伸直，感觉臀部和左腿大腿内侧肌肉正在充分伸展，保持30秒。

3 将身体向左转，面向左侧

吸气+自然呼吸 ➔ 右手持续撑地，左手放在骨盆上，将身体向左侧扭转，停留30秒。再换左脚在前，右脚在后，以相同方式进行。

提臀及重塑腿部曲线

1

双脚打开，右膝弯曲，再将上半身向前弯

自然呼吸 ➜ 双腿打开呈"大"字站立，将右膝弯曲90°，左腿伸直并脚尖向前。再将上半身向前弯，双手轻触地面。

要点 侧转时单纯地移动上半身不移动骨盆,保持臀部在正中心的位置。

2 将上半身向右扭转,指尖轻触地面

自然呼吸 ➜ 保持身体弯曲的姿势,让上半身转向右侧,再将左右手轻放在右脚两侧,并在1分钟内重复上半身侧转、回正的动作。接着,换左腿弯曲,右腿伸直,以相同方式进行。

打造紧实性感的黄金美腿

近几年"蜜大腿"一词很受欢迎。"蜜大腿"是指"双腿犹如蜂蜜一样,充满光泽与弹性,性感美丽又诱人"。的确,弹性十足的健康美腿,比瘦弱无力的骨感双腿看起来更有魅力。要使双腿看起来有光泽,最关键还是"肌力训练"。只要定时锻炼大腿肌肉,就能使皮肤弹性十足而有光泽,提升双腿的整体美。

同时,肌力训练与健康也有极大关系,有助于防治各种疾病。每天多做本节介绍的腿部运动,就能防止下肢肿胀,可塑造令人羡慕的性感"蜜大腿"。

促进大腿淋巴循环

1 呈弓箭步，双手放在骨盆两侧

吸气➡右脚向前跨一步，右膝弯曲，左腿向后伸直，固定双腿与骨盆的位置，保持弓箭步站姿。

2 将上半身转向左侧

呼气➡保持双腿的位置不动，将身体转向左侧，彻底伸展臀部肌肉，并在1分钟内重复扭转上半身的动作。接着，换左脚在前，以相同方式进行。

强化大腿肌肉，速成蜜大腿

1 **双手放在骨盆两侧，呈弓箭步姿势**

吸气➡右腿向前跨一步，右膝弯曲，左腿向后伸直并踮起脚尖，固定双腿的位置，保持此姿势不动。

2 双臂向前，再将左脚向后抬高

呼气➔双臂向前伸直，将上半身向前伸展，同时抬起左腿并向后伸展，使左腿与双臂呈一条直线。在1分钟内重复弓箭步、单腿向后伸展的动作。接着，再换左脚在前，右腿向后伸展，以相同方式重复动作。

塑造迷人的小腿线条

如果希望小腿紧实，就必须让小腿肌肉更柔软。小腿却比大腿更容易形成紧实的肌肉，形成罗圈腿。怎样才能拥有紧实又漂亮的小腿呢？答案是"放松小腿肌肉"。

不妨养成每天"按摩小腿肚"的习惯，避免肌肉过于僵硬。除了按摩，本节所介绍的"小腿肚伸展操"，不仅可起到软化肌肉、放松身体的效果，而且只要坚持练习，就可以拥有完美的小腿线条。

舒缓小腿肌肉

1 双脚站稳，身体前弯

自然呼吸 ➡ 膝盖挺直，双脚站稳，将身体向前向下弯，直到双手碰地。

2 踮起脚尖，伸展小腿

吸气 ➡ 深吸一口气，将脚跟抬高，双手同时推地。在1分钟内重复脚跟抬起、放下。

打造完美小腿曲线

要点 视线向下,双手需完全贴地,保持身体重心。

1 双手撑地,将身体向下弯

自然呼吸 ➔ 身体向下弯,双手撑地,左腿向后跨出一小步,左膝弯曲。

1 **将左腿向上抬高**

吸气 ➡ 右脚掌紧贴地面,视线向下,掌心也紧贴地面,保持身体重心稳定。

2 **将身体向腿部贴近**

呼气+自然呼吸 ➡ 慢慢移动双手,使脸部贴近小腿,同时将左腿向上伸直,保持1分钟。再换抬高右腿,以相同方式进行伸展。

美丽小贴士

按摩小腿，消除疲劳

我们能顺畅地呼吸、健康地活着，是靠心脏将血液输送到全身。当血液流向下半身时，通过双腿的肌肉收缩力量，血液再被送回心脏，因而双腿被喻为"人体的第二个心脏"。

一旦双腿的肌肉减少，血液循环的速度也会变慢，容易造成血氧降低、血液循环不畅、体内废物堆积，出现下肢肿胀、冰冷或静脉曲张等症状。因此，"腿部的血液循环"和身体的健康有着密切的关系。

建议平时可多活动脚趾、腿部及脚后跟，促进腿部血液循环，排出体内废物。养成"按摩腿部"的习惯也很重要，不妨在淋浴或足浴后按摩按摩腿脚，因为这时肌肉仍处于高温状态，搭配具有紧致、放松作用的乳液，效果更佳。定时按摩，不仅能消除腿部疲劳，还能塑造出紧实的双腿，使腿部呈现优美曲线，不论对健康还是体态都很有帮助。

脚部按摩，瘦腿解乏

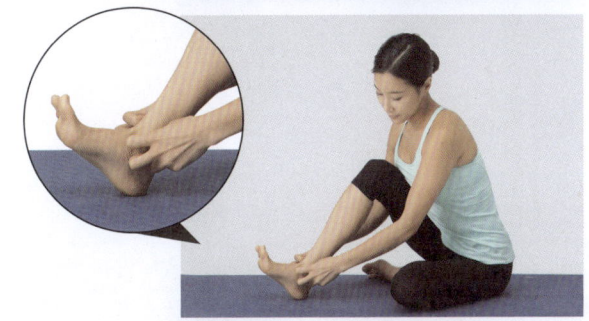

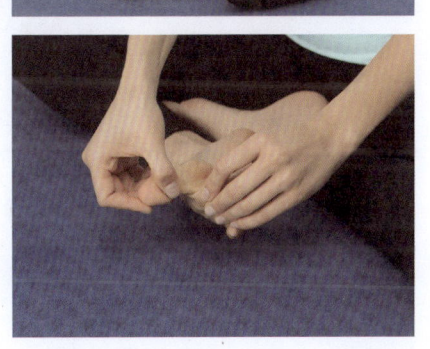

1. **坐姿，单腿屈膝，虎口放在脚背上**

   将手指弯曲呈"C"形后，把虎口放在脚背上，利用指关节反复按摩脚背。

2. **弯曲手指，按摩脚踝两侧**

   将双手的食指和中指弯曲，放在脚踝两侧，以滚动的方式进行前后按摩。

3. **依序扳开脚趾，放松肌肉**

   用双手依序扳开每一根脚趾，充分揉捏、按摩。